AF322187

PREMIÈRE LEÇON.

Premier procédé.

b   d   p   l
B   D   P   L

m   n   r   t
M   N   R   T

a   e   é   è   i   o   u.

Exercice.

a   b   d   e   i   l   m   u   p   r
t   m   r   p   n   t   a   i   l   é
e   è   b   d   o   e   u   è   n   o
p   b   d

Deuxième procédé.

Syllabation.

ba	be	bé	bè	bi	bo	bu.
da	de	dé	dè	di	do	du.
pa	pe	pé	pè	pi	po	pu.
la	le	lé	lè	li	lo	lu.
ma	me	mé	mè	mi	mo	mu.
na	ne	né	nè	ni	no	nu.
ra	re	ré	rè	ri	ro	ru.
ta	te	té	tè	ti	to	tu.

3ᵐᵉ procédé.

Lecture.

Le pè-re d'a-de-li-ne a é-té ma-la-de. la pe-ti-te é-mé-li-e a u-ne ro-be. ta mè-re te bé-ni-ra. ma-ri-e a-do-re u-ne i-do-le, pa-pa la pu-ni-ra.

NOTA. La même leçon doit être répétée pendant plusieurs jours, et l'on ne passe à la suivante que quand l'élève possède suffisamment celle-ci.

(DÉPOSÉ). Se vend chez Pierson, libraire à Stenay, seul propriétaire de la Méthode.
Imprimerie de Renaudin.

par l'instituteur communal de Stenay (Meuse).

DEUXIÈME LEÇON.

f   j   s   v

F   J   S   V

Exercice.

**a b d e é è f i j l m n o p r s t u v
f t v r s p j n f d j b s m v l è é e**

Syllabation.

fa	fe	fé	fè	fi	fo	fu
ja	je	jé	jè	ji	jo	ju
sa	se	sé	sè	si	so	su
va	ve	vé	vé	vi	vo	vu

(Nota. Voir la Syllabation de la première Leçon.)

Lecture.

La sa-la-de pu-re se-ra le re-mè-de du ma-
la-de. l'a-mi fi-dè-le a é-té à la fè-te de ju-li-e.
ju-les te fe-ra ri-re si sa mè-re va à la fè-te. la
pâ-te de ju-ju-be se-ra u-ti-le. la vi-pè-re a é-té
vu-e. l'é-lè-ve di-ra la vé-ri-té. le jo-li so-fa se-ra
à la mo-de.

Le pè-re de Fa-ni-e a é-té l'a-mi de pa-pa.
Ta ro-be se-ra sa-le. Tu la la-ve-ras, ta mè-re
ne te pu-ni-ra pas.

Nota. La même leçon doit être répétée pendant plusieurs jours, et l'on ne passe à la suivante que quand
l'élève possède suffisamment celle-ci.

TROISIÈME LEÇON.

s   c   g   j
s   C   G   J

Syllabation.

Premier procédé.

	sa	so	su	
	ça	ço	çu	
	ca	co	cu	
ce	cé	cè	ci	ce
je	jé	jè	ji	je
ge	gé	gè	gi	ge
	ja	jo	ju	
	ga	go	gu	

Exercice.

Deuxième procédé.

ge	ça	ga	ca	ce	ja	go	jo	co
ço	gé	cè	gu	ju	ge	cè	jé	je
çu	cu	ce	je	gi	ji	ci	co	ço

(Nota. Voir la Syllabation des premières Leçons.)

Lecture.

Troisième procédé.

Le ga-ge se-ra re-çu. Ca-ro-li-ne a bu du ca-fé.
Tu gé-mi-ras. L'o-ri-gi-ne de ce ba-ga-ge se-ra dé-çu.
Tu as re-çu la ca-ge. Si tu ju-ges sa fi-gu-re,
tu gé-mi-ras. Le ré-gi me de la gi-ra-fe a é-té
me-na-cé. L'a-gi-o-ta-ge se-ra ri-di-cu-le. La ce-
ri-se a é-té le re-mè-de du ma-la-de. L'é-co-le
se-ra le lo-gis du sa-ge.

Nota. La même leçon doit être répétée pendant plusieurs jours, et l'on ne passe à la suivante que quand
l'élève possède suffisamment celle-ci.

QUATRIÈME LEÇON.

Premier procédé.

a b c d e f o p
r s t u

Syllabation.

Deuxième procédé.

ab	ba	eb	be	ib	bi	ob	bo	ub	bu
ac	{ca / ça}	ec	ce	ic	ci	oc	{co / ço}	uc	{cu / çu}
ad	da	ed	de	id	di	od	do	ud	du
af	fa	ef	fe	if	fi	of	fo	uf	fu
al	la	el	le	il	li	ol	lo	ul	lu
ap	pa	ep	pe	ip	pi	op	po	up	pu
ar	ra	er	re	ir	ri	or	ro	ur	ru
as	sa	es	se	is	si	os	so	us	su
at	ta	et	te	it	ti	ot	to	ut	tu

Lecture.

Troisième procédé.

As-tol-fe se-ra ac-tif. L'ab-bé a de la bar-be. Ce bo-cal a é-té cas-sé par le pe-tit Ad-nès. La ré-col-te at-ti-re l'a-ni-mal. Le tu-mul-te a é-té noc-tur-ne. Ma mè-re i-ra ob-te-nir la fa-cul-té de cul-ti-ver le jar-di-na-ge. L'ef-fort se-ra li-bé-ral et fa-cul-ta-tif. Tu se-ras ad-mis à par-ta-ger ma ré-col-te. La gar-de op-por-tu-ne l'a-ni-mal. Cet é-lè-ve op-po-se la sa-ges-se à la ré-vol-te.

(DÉPOSÉ). Se vend chez Pierson, libraire à Stenay, seul propriétaire de la Méthode.

Imprimerie de Renaudin.

PAR L'INSTITUTEUR COMMUNAL DE STENAY.

CINQUIÈME LEÇON.

Premier procédé.

a   e   é   è   i   o   u

.   .   .   ai   y   ô   .

.   .   .   ei   .   au   .

.   .   .   .   .   eau   .

eu   ou   en   an   am   in   im   ain

ein   on   un   oi

Deuxième procédé.

EXERCICE.

a	ai	eu	i	e	au	ei	y	an	ô	é
in	u	en	au	am	un	è	en	ô	oi	eu
é	au	u	a	ou	ei	e	an	y	ai	in
im	oi	eu	un	ai	im	ou	ô	en	ei	ai

Troisième procédé.

Syllabation.

bai	bei	by	bau	beau	beu	bou	ben	
ban	bam	bin	bim	bain	bein	bon	bun	boi
cai	cei	cy	cau	ceau	ceu	cou	cen	
can	cam	cin	cim	cain	cien	con	cun	coi
dai	dei	dy	dau	deau	deu	dou	den	
dan	dam	din	dim	dain	dein	don	dun	doi
fai	fei	fy	fau	feau	feu	fou	fen	
fan	fam	fin	fim	fain	fein	fon	fun	foi
gai	gei	gy	gau	geau	geu	gou	gen	
gan	gam	gin	gim	gain	gein	gon	gun	goi
lai	lei	ly	lau	leau	leu	lou	len	
man	mam	min	mim	main	mein	mon	mun	moi
nai	nei	ny	nau	neau	neu	non	nen	
pan	pam	pin	pim	pain	pein	pon	pun	poi
rai	rei	ry	rau	reau	seu	sou	sen	
tan	tam	tin	tim	vain	vein	von	vun	voi

SIXIÈME LEÇON.
Lecture sur les exercices de la CINQUIÈME LEÇON.
Troisième procédé.

L'é-lè-ve sa-ge ai-me l'é-tu-de, il se-ra sa-vant. Ce jeu-ne é-lè-ve des-si-ne-ra un beau po-ly-go-ne, il co-nnaît le des-sin li-né-ai-re. Ju-li-e a eu le mau-vais des-sin de je-ter à l'eau ce pe-tit a-ni-mal.

Mon cou-sin ré-pè-te sa le-çon au mo-ni-teur. Le fon-deur a cou-lé un mor-ceau d'é-tain dans un mou-le, il a ré-us-si. Si nous vou-lons ob-ser-ver les a-vis du sa-ge, la loi de l'E-ter-nel nous gou-ver-ne-ra, et nous se-rons es-ti-més de tous nos ca-ma-ra-des. Jus-tin a é-té au bain, car il é-tait ma-la-de. Les py-ra-mi-des d'E-gyp-te sont beau-coup é-le-vées. La Meu-se cou-le vers le nord. Le dé-par-te-ment de la Sei-ne ren-fer-me beau-coup de mon-de. Au-cun en-fant sa-ge ne se-ra pu-ni. Ma le-çon a é-té fa-ci-le à é-tu-di-er, je la ré-pè-te-rai ce soir. Le cau-seur ne se-ra pas ai-mé, il se-ra pu-ni.

L'en-fant sa-ge ai-me la vé-ri-té, il ne dit pas de men-son-ge. mon a-mi a souf-fert d'u-ne ma-la-di-e dan-ge-reu-se. Al-ber-ti-ne fe-ra u-ne bel-le pa-ge. cet en-fant i-ra aux bois a-vec son pè-re et sa mè-re.

(DÉPOSÉ). Se vend chez Pierson, libraire à Stenay, seul propriétaire de la Méthode.

SEPTIÈME LEÇON.

Premier Procédé.

h	ch	ph	gn	ill	qu	k	x	z
e	che	fe	gne	ill	que	ca	cse	ze

Syllabation.

Deuxième Procédé.

ha	he	hé	hi	ho	hu	hy
cha	che	ché	chi	cho	chu	chy
pha	phe	phé	phi	pho	phu	phy
gna	gne	gné	gni	gno	gnu	gny
qua	que	qué	qui	quo	qu'u	qu'y
ka	ke	ké	ki	ko	ku	ky
xa	xe	xé	xi	xo	xu	xy
za	ze	zé	zi	zo	zu	zy

Lecture.

Troisième Procédé.

Nous de-vons ho-no-rer et res-pec-ter nos pa-rents et nos su-pé-ri-eurs. Cha-cun doit ob-ser-ver son de-voir. Un phé-no-mè-ne é-to-nne les i-gno-rants.

La fa-mille se com-po-se du pè-re et de la mè-re, des en-fants et des pa-rents. Ki-lo si-gni-fi-e mil-le.—Ne se-mons pas la zi-za-nie dans la so-ci-é-té; por-tons-y la paix, et nous ob-ser-ve-rons les ma-xi-mes du sa-ge.

Phi-lo-gè-ne ai-me l'é-tu-de, il dit que sa le-çon se-ra fa-cile; les i-gno-rants et les pa-res-seux ne di-ront pas ce-la.

Ed-mond ga-gne beau-coup dans l'é-tu-de qu'il fait à l'é-co-le.

Nota. La même leçon doit être répétée pendant plusieurs jours, et l'on ne passe à la suivante que quand l'élève possède suffisamment celle-ci.

(déposé). Se vend chez Pierson, libraire à Stenay, seul propriétaire de la Méthode.

Imprimerie de Renaudin.

HUITIÈME LEÇON.

Premier Procé.

bl	br	cl	cr	dr	fl	fr	gl	gr	chr

cre

pl	pr	st	sc	scr	str	tl	tr	vr

Syllabation.

Deuxième Procédé.

bla	ble	blé	bli	blo	blu	bly
bra	bre	bré	bri	bro	bru	bry
cla	cle	clé	cli	clo	clu	cly
cra	cre	cré	cri	cro	cru	cry
chra	chre	chré	chri	chro	chru	chry
dra	dre	dré	dri	dro	dru	dry
fla	fle	flé	fli	flo	flu	fly
fra	fre	fré	fri	fro	fru	fry
gla	gle	glé	gli	glo	glu	gly
gra	gre	gré	gri	gro	gru	gry
pla	ple	plé	pli	plo	plu	ply
pra	pre	pré	pri	pro	pru	pry
sta	ste	sté	sti	sto	stu	sty
stra	stre	stré	stri	stro	stru	stry
tla	tle	tlé	tli	tlo	tlu	tly
tra	tre	tré	tri	tro	tru	try
vra	vre	vré	vri	vro	vru	vry

Lecture.

Troisième Procédé.

La bi-ble est un li-vre qui trai-te de l'hi-stoi-re sain-te. No-tre Sei-gneur Jé-sus-Christ a voulu ê-tre cru-ci-fi-é pour nous ra-che-ter de la mort é-ter-nel-le. Il faut blâ-mer le vi-ce et pro-cla-mer la ver-tu. La clé-men-ce du roi se lais-se-ra flé-chir. Il faut pren-dre la frai-cheur du ma-tin pen-dant le mois de mai. L'é-gli-se en-sei-gnan-te tra-ce à ses en-fants la rè-gle de leurs de-voirs. La ver-tu est a-gré-a-ble. La s-truc-tu-re de cet-te ta-ble est re-mar-qua-ble.

(DÉPOSÉ). Se vend chez Pierson, libraire à Stenay, seul propriétaire de la Méthode.

NEUVIÈME LEÇON.

Premier Procédé.

ia ié iè io ieu iou ian ien ion ui oui oin.

Exercice.

ai	ia	ei	ié	au	ié	oi	io	ui	ieu	eu	ou
an	ian	en	ien	in	ain	ein	ion	on	oin		
un	oui	oi	oin	ui	iou	ain	ian	ien	ion		

Syllabation.

Deuxième Procédé.

bia	bié	biè	bio	cieu	ciou	cian	cien	dion	dui
foui	foin	fia	fié	giè	gio	gieu	jiou	jian	jien
lion	lui	loui	loin	mia	mié	miè	nio	nieu	niou
pian	pien	pion	pui	roui	roin	ria	rié	riè	rio
sieu	siou	sian	sien	tion	tui	toui	toin	via	vié
viè	vio	xieu	xiou	xian	bien	bion	bui	boui	boin

Lecture.

Troisième Procédé.

Le bon Di-eu ai-me les pe-tits en-fants sa-ge_s, il re-mar-que ceux qui sont stu-di-eux à l'é-co-le; po-li_s, ho-nnê-te_s dans les rue_s; res-pec-tu-eux chez leurs pa-rents.

Lou-i-se a ren-con-tré un pau-vre en ve-nant à l'é-co-le, el-le lui a do-nné la moi-tié de son pain et de sa vi-ande; el-le a fait u-ne ac-tion lou-a-ble, Di-eu la bé-ni-ra.

Nous de-vons étein-dre le feu quand le soir est ar-ri-vé. Nous étei-gnons aus-si la chan-del-le a-vant de nous en-dor-mir.

Le re-nard tom-be dif-fi-ci-le-ment dans le pi-é-ge qu'on lui a ten-du, car il est ru-sé. Ce vi-o-lon est bien loin de va-loir le mien.

Ce fi-a-cre se-ra lou-é pour nous con-dui-re à l'é-gli-se.

DIXIÈME LEÇON.

Exercices sur les principales difficultés de la lecture courante.

Une bonne ac-ti-on mérite notre ap-pro-ba-ti-on
ac — ci — on   ap - pro - ba · ci - on.

La brebis porte une toi-son qui sert à nous vêtir;
toi — zon   ta

en effet, avec la laine on fabrique les draps et
dra . . zé

les étoffes qui nous ser-vent d'ha-bille-ments.
ser — ve . .   da - bille — man . .

La tyra-nni-e est réprouvée de Dieu et des
tira — ni — e   è

hom-mes. Protégeons le faible et ne le persécutons
. o . — me . .

jamais. Les phé-no-mè-nes de la nature sont des
fé - no — mè - ne

mystères quand on ne peut en découvrir la cause.

Le tem-ple de Dieu est saint, ce serait le
tam - ple

profaner de ne pas s'y conduire avec res-pect.
res - pè . .

Dieu fait l'ex-a-men de notre cons-ci-en-ce, et
le - xa - min   con - si - an - ce,

il nous juge d'après nos ac-ti-ons.
ac - ci - ons.

Em-ma-nu-el em-pê-che sa sœur de man-ger le
ème - a — nu — el   am — pê - che   seur   man — gé

fruit que ce mon-sieur lui a do-nné.
mo . - cieu   do . né.

Le por-tail de l'église de Reims est un beau
por - ta-ill   rin—ce

tra-vail, c'est un chef-d'œuvre d'architecture go-
tra — va-ill

thique. Le mois d'août est chaud. Viens t'asseoir
dou

avec moi, nous feuilletterons cet al-bum, c'est
al - bo - me

un recueil a-mu-sant.
a - mu — zant.

(DÉPOSÉ). Se vend chez Pierson, libraire à Stenay, seul propriétaire de la Méthode.

Imprimerie de Renaudin.

PRIÈRES. (II)

✝

1° *Avant la Classe du matin.*

Seigneur, daignez éclairer nos esprits et purifier nos cœurs, dissipez les ténèbres de notre ignorance, et donnez-nous l'attention dont nous avons besoin pour ne rien perdre des instructions que nous allons recevoir; bénissez nos efforts et dirigez nos études de la manière que vous jugerez la plus convenable à votre gloire et à notre bonheur; inspirez-nous les sentiments d'amour et de reconnaissance pour nos parents, de respect et de soumission pour nos maîtres et nos supérieurs; que notre bonne conduite et nos progrès les récompensent des soins qu'ils prennent pour nous former au travail et à la vertu; préservez nos âmes du poison de l'envie; que suivant vos divins préceptes nos camarades trouvent en nous des frères toujours prêts à les consoler dans leurs chagrins, à les soutenir dans les traverses de la vie et à les assister dans leurs besoins. Que ce que nous apprendrons, ô Seigneur, fasse un jour de nous, des hommes de bien, nous conduise à la connaissance de nos devoirs et à la pratique des vertus chrétiennes.

Notre père, qui êtes aux cieux, etc.

2° *A la Sortie du matin.*

Bénissez, Seigneur, le repos que nous allons prendre, et rendez-le profitable, afin qu'il nous dispose à revenir à notre travail avec une nouvelle ardeur.

Je crois en Dieu, etc.

3° *A la Rentrée d'une heure.*

Si vous ne venez à notre aide, ô Seigneur, nous travaillerons en vain, accordez-nous donc vos saintes grâces, développez dans nos cœurs les semences de sagesse et de piété, et donnez-nous l'intelligence et l'application afin que nous acquérions les vertus et les connaissances nécessaires pour que nous puissions remplir dignement nos devoirs envers vous, ô Seigneur, envers la patrie, envers nos parents, envers notre prochain et nous-mêmes. Faites, qu'après avoir contribué en ce monde à notre bien-être temporel et au bonheur de nos semblables, elles nous mènent dans la voie qui conduit à la félicité que vous nous promettez dans l'autre vie. Ainsi soit-il.

4° *A la Sortie du soir.*

Nous vous remercions, Seigneur, des grâces que vous nous avez faites et de l'instruction que nous avons reçue aujourd'hui, accordez-nous d'en faire un bon usage, et faites la servir au bien de notre patrie et à notre salut éternel.

Seigneur, conservez notre Roi! exaucez la prière que nous vous adressons aujourd'hui pour lui et sa famille.

(Quatrain chanté par tous les Élèves.)

Dieu conserve le Roi, donne-lui d'heureux jours,
Romps de ses ennemis, l'injuste résistance;
Veille sur lui, qu'aidé de ton secours
Il parvienne à fonder le bonheur de la France,
       le bonheur de la France.

Seigneur, que notre roi (N) qui s'est chargé de la tâche peinible de gouverner la France trouve en vous un protecteur et un appui, donnez-lui toutes les qualités d'un bon roi, versez dans son âme le germe de toutes les vertus, qu'il les pratique avec persévérance, qu'il fuie les sentiers du vice, que dirigé par votre divine sagesse, il parvienne à rendre la France heureuse et florissante et à soumettre les ennemis de son repos, et quand après une vie longue et glorieuse, il vous plaira de le retirer du milieu de nous, regardez-le d'un œil de miséricorde, et recevez-le dans votre sein. Ainsi soit-il.

(DÉPOSÉ). Se vend chez Pierson, libraire à Stenay, seul propriétaire de la Méthode.

Imprimerie de Renaudin.